COZINHA PRÁTICA

SOBREMESAS

COZINHA PRÁTICA

SOBREMESAS

PAE EDITORA

Editor
Cristian Muniz

Coordenação Pedagógica e Editorial
Geovana Muniz Tiltscher

Revisão
Equipe Editorial PAE

Capa, Projeto Gráfico e Editoração Eletrônica
WK Editorial

Dados Internacionais de Catalogação na Publicação (CIP)
(Câmara Brasileira do Livro, SP, Brasil)

Cozinha prática : sobremesa / [editor Cristian Muniz]. -- São Paulo : PAE Editora, 2014.

1. Culinária (Sobremesas) 2. Receitas I. Muniz, Cristian.

14-06813 CDD-641.86

Índices para catálogo sistemático:
1. Sobremesas : Receitas culinárias : Economia doméstica 641.86

PAE Editora
Av. Rudge, 346
01134-000 - São Paulo - SP
Tel: 11 3222-9015
www.pae.com.br

Sumário

Introdução

O banquete termina, todos estão satisfeitos, mas na boca há um gostinho de quero mais. Embora o corpo pareça saciado, tem alguma coisa lá dentro pedindo um sabor diferente. É um desejo de comer algo para arrematar o almoço ou o jantar, a vontade de um carinho no estômago e na boca, difícil de expressar em palavras.

Enquanto processamos essas sensações, alguém traz para a mesa um manjar ou uma mousse de delicada textura, um bolo de chocolate de lamber os beiços, uma torta de peras com sorvete recém-saída do forno, um merengue de morangos e chantilly que derrete na boca, ou a simples, mas não menos deliciosa, azedinha e carnuda carambola.

Assim a sobremesa se apresenta diante dos comensais e finalmente satisfaz aquela vontade de minutos atrás.

Mas se você sempre fica em dúvidas do que servir de sobremesa e não consegue pensar muito bem em qual doce combina com qual refeição, fique calma, pois há algumas cartas na manga que servem para qualquer ocasião.

O bom e velho sorvete, e você ainda poderá fazer ou comprar caldas para aqueles que estão realmente com vontade de açúcar, possam caprichar. Se quiser deixar a sobremesa ainda mais sofisticada, faça bolinhos recheados e sirva como Petit Gateau. Todos com certeza irão adorar. Ou se a dieta está em rigor dentro de sua casa, mas todos gostam de abusar da sobremesa, procure servir frutas, como morango, maçã, uvas, ou faça uma salada de frutas, e ao invés de utilizar creme de leite normal, use o light e não exagere tanto no açúcar. As frutas também sempre são bem vindas após qualquer refeição.

Enfim, para encantar os convivas com a tal "cereja do bolo", ou seja, um elemento surpreendente e visual. Para um resultado inovador, vale, por exemplo, acrescentar um biscuit ao sorvete, usar uma frutinha para decorar, ou explorar variações na altura, no formato e na cor da sobremesa. Um limão é sempre verde, mas se você apresenta de maneira diferente, conquista o interesse. Quando o assunto é surpreender e encantar antes de provar, cinco dicas são essenciais para uma sobremesa perfeita:

- Planejamento
- Sabor
- Forma
- Altura
- Cor

Se você não se esquecer desses detalhes com certeza sua sobremesa será um sucesso.

Ingredientes para Sobremesa

Frutas, grãos e chocolate

Costuma ser preparada com açúcar, assim apresentando paladar doce. É geralmente servida após a refeição salgada. Vários pratos feitos de diversas maneiras são considerados sobremesa, variando de acordo com a culinária, com os usos e os costumes de cada região.

Morango

Berry

Abacaxi

Maracujá

Manga

Goiaba

Maçã

Pera

Pêssego

Laranja

Uva

Banana

Ameixa

Caju

Kiwi

Tâmara

Damasco

Castanha

Amêndoas

Nozes

Chocolate

- 2 xícaras (chá) de farinha de trigo
- 4 colheres (sopa) de manteiga
- 1/2 lata de creme de leite
- 1 colher (chá) de fermento em pó

Recheio

- 1 lata de leite condensado
- 6 colheres de suco de limão
- 1/2 lata de creme de leite
- 1 colher de raspas da casca de limão

Cobertura

- 3 claras
- 6 colheres (sopa) de açúcar

Torta de Limão

Massa

1. Peneire a farinha, faça uma cova no centro e coloque a manteiga, o creme de leite e o fermento.

2. Misture-os com as pontas dos dedos, juntando a farinha até que seja toda incorporada à massa e que solte completamente das mãos. Deixe descansar por cerca de 30 minutos na geladeira.

3. Abra a massa, forre uma fôrma de aro removível (25cm de diâmetro), fure o fundo com um garfo e asse em forno médio-alto (200ºC), preaquecido por cerca de 20 minutos.

4. Enquanto isso, prepare o recheio e a cobertura.

Recheio:

1. Misture bem o leite condensado com o suco de limão até que adquira consistência de creme. Incorpore o creme de leite e as raspas de limão.

Cobertura:

1. Bata as claras em neve, junte aos poucos o açúcar e continue batendo até obter um merengue bem firme.

2. Recheie a torta com o creme de limão, cubra-a com a cobertura e volte a torta ao forno médio alto (200ºC), por cerca de 10 minutos, para dourar o merengue.

Sirva gelada.

Tempo de preparo

60 min

Rendimento

1 torta

Ingredientes

- 6 maracujás
- 1 lata de creme de leite
- 1 lata de leite condensado
- 1 envelope de gelatina em pó sem sabor (12g)

Flan de Maracujá

1. Bata a polpa dos maracujás no liquidificador com uma xícara (chá) de água.

2. Passe o suco por uma peneira e retorne-o sem as sementes ao liquidificador.

3. Junte o creme de leite, o leite condensado e a gelatina diluída em cinco colheres (sopa) de água fria e dissolvida em banho-maria e bata até ficar homogêneo.

4. Coloque em fôrma com furo central (19 cm de diâmetro) molhada ou levemente untada com óleo e leve à geladeira por cerca de 4 horas ou até ficar firme.

5. Desenforme e decore.

Sirva a seguir.

Tempo de preparo

30 min

Rendimento

5 porções

Ingredientes

- 5 pacotes de gelatina de cores e sabores diferentes (uva, morango, limão, framboesa, abacaxi)
- 1 envelope de gelatina em pó sem sabor (12g)
- 1 lata de leite condensado
- 1 medida (da lata) de leite

Gelatina Mosaico

1. Prepare cada gelatina separadamente, diluindo cada uma delas em uma xícara (chá) de água fervente.

2. Coloque em fôrmas retangulares ou quadradas. Deixe esfriar e leve à geladeira, até que fiquem bem consistentes.

3. Retire da geladeira e corte em cubos.

4. Junte cinco colheres (sopa) de água fria à gelatina sem sabor e leve ao fogo em banho-maria até dissolver.

5. Bata no liquidificador o leite condensado, o leite e a gelatina sem sabor diluída até obter uma mistura homogênea.

6. Despeje os reservados de gelatina em taças individuais, despeje sobre eles a mistura de leite condensado e leve à geladeira até ficar bem consistente.

Tempo de preparo

90 min

Rendimento

10 porções

Ingredientes

- 1 lata de creme de leite
- 1 tablete de chocolate meio amargo, picado
- 3 claras
- 3 colheres (sopa) de açúcar
- Raspas de chocolate para decorar

Mousse de Chocolate

1. Aqueça em banho-maria o creme de leite. Junte o chocolate e mexa até que fique um creme homogêneo. Reserve.

2. Bata as claras em neve firme. Adicione, aos poucos, o açúcar.

3. Misture levemente ao creme de chocolate.

4. Coloque em taças e leve à geladeira por cerca de 3 horas.

5. Decore com raspas de chocolate.

Tempo de preparo

30 min

Rendimento

6 porções

Ingredientes

- 200 g de morangos limpos e sem folhas
- 70 g de açúcar de confeiteiro
- 140 ml de água
- 250 ml de suco de limão

Granita de Morango

1. Bata todos os ingredientes no liquidificador.
2. Passe por uma peneira e descarte as sementinhas do morango. Transfira todo o líquido para um pote com tampa.
3. Leve ao freezer até congelar totalmente. Na hora de servir retire-o 2 minutos antes.
4. Sirva-o raspando com um garfo usando uma certa força, raspando o gelo, transferindo para as taças, decore com uma folha de hortelã.

Tempo de preparo

5 horas

Rendimento

10 porções

Ingredientes

- 1 lata de leite condensado
- 1 pacote de gelatina em pó sabor morango
- Margarina para untar
- Açúcar cristal para enrolar

Brigadeiro de Gelatina

1. Misture o leite condensado e a gelatina.
2. Cubra e deixe descansar na geladeira por 24 horas.
3. Com a mão levemente untada com margarina modele as bolinhas e passe pelo açúcar cristal.
4. Coloque em forminhas de papel e sirva.

Tempo de preparo

30 min

Rendimento

100/120 docinhos

Ingredientes

Base

- 1 pacote de biscoito tipo maisena
- 70 g de manteiga (sem sal)

wwCreme

- 250 g de margarina
- 1 xícara de açúcar
- 2 latas de creme de leite sem soro
- 5 colheres (sopa) de leite condensado

Cobertura

- 200 g de chocolate meio amargo
- 1 lata de creme de leite sem soro

Torta Holandesa

1. Em uma batedeira, bata a manteiga e o açúcar, e quando conseguir um creme branco acrescente o leite condensado, bata bastante, e por último adicione o creme de leite sem soro. Reserve.

2. Para a base, triture os biscoitos tipo maisena em um liquidificador até virar farinha, e depois misture com a manteiga (em temperatura ambiente) até formar uma massa. Você precisará usar uma forma com aro removível, e coloque ainda uma tira de papel manteiga em toda volta da forma.

Tempo de preparo

90
min

3. Coloque a massa no fundo, e nas bordas coloque os biscoitos calipso de pé.

4. Coloque o creme que havia sido reservado sobre a base, e então é a vez de preparar a cobertura.

5. Derreta em banho-maria o chocolate, quando estiver bem derretido, adicione o creme de leite mexendo bem em fogo baixo até obter uma mistura homogênea e brilhante.

6. Coloque a cobertura sobre o creme e leve à geladeira por pelo menos 2 horas.

Rendimento

1

torta média

Ingredientes

- 1 lata de leite condensado
- A mesma medida (lata) de leite
- 4 ovos inteiros
- Raspa de 1/2 limão
- Caramelo para untar a forma

Pudim de Leite Condensado

1. Em um liquidificador coloque o leite condensado e os 4 ovos inteiros e bater por 2 minutos.

2. Junte em seguida o leite e a raspa de limão, mexa com uma colher de pau só para envolver tudo. Coloque o preparado na forma de pudim já com o caramelo.

3. Leve ao forno dentro de uma forma com água cerca de 30/40 minutos.

Tempo de preparo

60 min

Rendimento

1 pudim médio

Ingredientes

- 180 g de farinha trigo
- 1 lata de leite condensado
- 4 ovos
- 150 g de margarina

Bolo de Leite Condensado

1. Bata o leite condensado com as gemas.
2. Depois junte a margarina amolecida e misture bem.
3. Junte aos poucos a farinha e volte a bater.
4. Por último, bata as claras em neve e incorpore à massa delicadamente.
5. Leve para assar em forno médio (180ºC) cerca de 30 minutos em uma forma untada e polvilhada.

Tempo de preparo

50 min

Rendimento

10 porções

Ingredientes

- 1 lata de leite condensado
- 1 lata de leite comum
- 3 ovos
- 2 cenouras raladas

Calda

- 1 xícara (chá) de açúcar
- 1/2 xícara (chá) de água

Pudim de Cenoura

1. Em uma panela, dissolva o açúcar na água e leve ao fogo baixo, sem mexer, até formar uma calda dourada. Espalhe em uma fôrma de buraco no meio de 20cm de diâmetro.
2. No liquidificador, bata o leite condensado, o leite, os ovos e a cenoura até ficar homogêneo. Despeje na fôrma e cubra com papel alumínio.
3. Leve para assar em banho-maria em forno médio, preaquecido, por 45 minutos ou até firmar.
4. Deixe esfriar e leve para gelar por aproximadamente 4 horas.
5. Desenforme e sirva.

Tempo de preparo

60 min

Rendimento

1 pudim médio

Ingredientes

- 1 lata de leite condensado
- A mesma medida (lata) de leite
- 2 colheres de sopa de fubá
- 1 colher sopa de manteiga
- 2 colheres sopa de farinha de trigo
- 4 ovos inteiros
- 1 colher sopa fermento em pó

Bombocado de Fubá

1. Bata todos os ingredientes no liquidificador, sendo por último o fermento em pó.

2. Coloque a massa na forma previamente untada com farinha e leve-a ao forno a 200° por 40 minutos.

3. Quando esfriar corte em quadradinhos.

Tempo de preparo

50 min

Rendimento

10 porções

Ingredientes

- 1 lata de leite condensado
- 3 gemas
- 2 medidas (latas) de leite
- 3 colheres (sopa) de amido de milho
- 1 gelatina de qualquer sabor
- 1 lata de creme de leite sem o soro
- 7 colheres (sopa) de açúcar

Creme Chinês

1. Coloque em uma panela o leite condensado, as gemas, o amido de milho e o leite, em fogo baixo, mexa até engrossar.

2. Coloque em uma vasilha de vidro ou taças, preenchendo apenas 1/3 do recipiente.

3. Prepare a gelatina normalmente e reserve.

4. Bata as claras em neve, acrescente o creme de leite e o açúcar. Coloque a gelatina devagar sobre o primeiro creme frio. Coloque o último creme por cima.

5. Leve para gelar até endurecer a gelatina e sirva.

Tempo de preparo

90 min

Rendimento

10 porções

Ingredientes

- 2 mangas grandes descascadas e picadas
- 1 pacote de gelatina incolor preparada conforme fabricante
- 1 lata de leite condensado
- 1 lata de creme de leite sem soro

Mousse de Manga

1. Bata tudo no liquidificador, deixando por último a gelatina. Coloque em um refratário e leve à geladeira até endurecer.

2. Antes de servir, pique manga em cubinhos e espalhe por cima da mousse para decorar.

Tempo de preparo

90 min

Rendimento

10 porções

Ingredientes

Massa

- 1 pacote de mistura para bolo de chocolate
- 2 colheres de sopa de margarina
- 1 ovo

Creme

- 200 g de chocolate meio amargo
- 1 lata de leite condensado
- 1 ovo
- 3 colheres de sopa de conhaque

Torta de Chocolate

1. Faça uma farofa da mistura para bolo com o ovo e a margarina, forre o fundo e lateral de uma forma de aro removível.

2. Derreta o chocolate e misture o restante dos ingredientes. Coloque na forma sobre a massa e leve para assar por 25 min. Quando tirar do forno, ainda quente, jogue raspas de chocolate por cima.

Tempo de preparo

90 min

Rendimento

1 torta média

Ingredientes

- 9 colheres (sopa) de açúcar
- 9 colheres (sopa) de chocolate em pó
- 150 g de margarina
- 9 ovos (claras em neve)
- 1/2 litro de chantilly
- 5 colheres (sopa) de açúcar comum
- 1 colher (café) de baunilha
- 1 caixa de creme de leite
- 1 xícara (chá) de chocolate em pó

Torta de Nata

1. Bata as claras em neve, acrescente aos poucos 5 colheres (sopa) de açúcar e bata até obter um suspiro.

2. Em outra tigela, bata a manteiga com as gemas, acrescentando o açúcar restante e continue batendo até ficar uma gemada bem clara.

3. Adicione o achocolatado e misture bem.

4. Junte o suspiro com a gemada, misture levemente e leve ao forno médio em assadeira untada e polvilhada.

5. Repita a receita ficando dois bolos e depois de assados e frios, recheie com chantilly, decore com a calda de chocolate.

Recheio

1. Bata na batedeira o creme de leite, que deverá estar bem gelado, adicionando o açúcar e a vanilina, aos poucos, até engrossar.

2. Bata mais um pouco e leve à geladeira até a hora de usar.

Cobertura

1. Leve o creme de leite ao micro-ondas por 1 minuto e acrescente o chocolate em pó.

2. Deixe esfriar e coloque em cima da torta, leve para gelar.

Tempo de preparo

90
min

Rendimento

1
torta média

Ingredientes

Massa

- 2 xícaras de farinha de trigo
- 1 colher (sobremesa) de açúcar
- 1 colher (sobremesa) de fermento
- Pitada de sal
- 2 colheres (sopa) de leite
- 1 gema
- 1 colher (sobremesa) de baunilha
- 1 tablete de margarina

Creme

- 1 copo de leite
- 1 1/2 de açúcar
- 2 colheres (sopa) de maisena
- 2 colheres (sopa) de margarina
- 2 gemas

Cobertura

- 1caixa de morangos limpos e sem folhas
- 2 xícaras de água fervendo
- Anelina vermelha
- 1/2 pacote de gelatina de morango
- 2 colheres (sopa) araruta

Torta de Morango

Massa

1. Amasse a margarina, gema, leite, açúcar, baunilha e o fermento.
2. Junte o trigo aos poucos até obter uma massa macia.
3. Coloque para assar em forma desmontável redonda.

Creme

1. Coloque em uma panela o leite, as gemas peneiradas, mexa até ficarem uniformes.
2. Acrescente o açúcar e leve ao fogo, separando um copo para dissolver a maisena.

Tempo de preparo

90 min

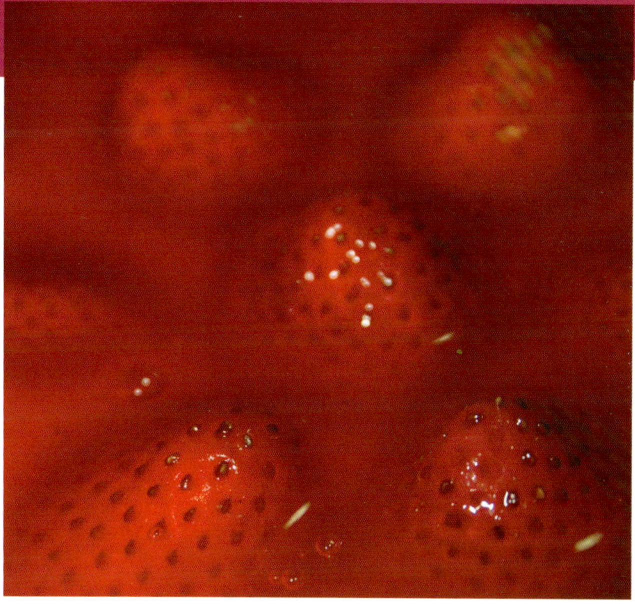

3. Junte então ao restante da panela e mexa sempre até engrossar, deixe ferver por alguns minutos em fogo baixo .

4. Esfrie um pouco o creme, deite sobre a massa, cubra o creme com morangos cortados ao meio.

Cobertura

1. Coloque a água para ferver com a araruta, quando estiver engrossado tire do fogo e misture o pó da gelatina com algumas pitadas de anelina.

2. Após, cubra os morangos com essa cobertura.

3. Deixe gelar por 3 horas antes de servir.

Rendimento

1
torta média

Ingredientes

- 1 pacote de biscoito tipo champanhe (aproximadamente 400g)
- Leite (o suficiente) para umedecer os biscoitos
- Morangos frescos

Para o creme

- 1 lata de leite condensado
- 3 colheres (sopa) de amido de milho
- 1/2 litro de leite
- 2 gemas peneiradas
- 1 colher (sopa) de essência de baunilha

Pavê de Morango

1. Leve tudo ao fogo até engrossar. Quando estiver morno, monte o pavê.

Montagem

1. Faça a primeira camada com creme.
2. Molhe os biscoitos no leite e cubra o creme.
3. Por cima coloque uma camada de morangos picados.
4. Vá intercalando até que a última camada seja de creme.
5. Decore com morangos. Leve à geladeira.

Tempo de preparo

60 min

Rendimento

8 porções

Ingredientes

- 3 gemas
- 1 litro de leite
- 1 lata de leite condensado
- 1 lata de creme de leite
- 2 colheres (sopa) de amido de milho
- 2 pacotes de bolacha maisena
- 1 pacote de coco ralado

Pavê de Coco

1. Dissolva o amido de milho no leite.
2. Bata as 3 gemas e adicione ao leite.
3. Misture bem, acrescente o leite condensado, o creme de leite e leve ao fogo baixo. Mexa sempre, para não empelotar e não grudar no fundo da panela. Espere engrossar, desligue o fogo e deixe esfriar um pouco.
4. Em uma travessa, coloque o creme, e vá alternando camadas de bolacha e creme.
5. Por último, cubra com coco ralado e leve até a geladeira, por no mínimo 3 horas.

Tempo de preparo

90 min

Rendimento

1 torta média

Ingredientes

Massa

- 200 g de bolacha maisena
- 100 g de manteiga sem sal gelada cortada em cubinhos

Creme

- 450 g de queijo tipo cream cheese
- 4 ovos inteiros
- 1 lata de leite condensado
- 1 colher (chá) de raspa de casca de limão
- 200 g de geleia de framboesa misturada com 2 colheres (sopa) de água

Cheesecake de Framboesa

Massa

1. Em um liquidificador, coloque 200 g de bolacha maisena e triture até formar uma farofa.

2. Transfira para uma tigela, junte 100 g de manteiga sem sal gelada cortada em cubinhos.

3. Misture até formar uma massa homogênea.

4. Em um refratário redondo (26 cm de diâmetro x 5 cm de altura), coloque a massa e forre o fundo e a lateral.

5. Leve ao forno de micro-ondas por 4 min em potência alta. Reserve.

Tempo de preparo

90 min

Creme

1. Em um liquidificador, bata 450 g de queijo tipo cream cheese, 4 ovos inteiros, 1 lata de leite condensado e 1 colher (chá) de raspa de casca de limão.

2. Bata até obter um creme homogêneo, coloque o creme sobre a massa (já assada) e leve ao micro-ondas por 8 min em potência alta.

3. Deixe o cheesecake dentro do micro-ondas (fechado) por 5 min.

4. Após este tempo, retire o cheesecake do micro-ondas. Espalhe 150 g de geleia de framboesa misturada com 2 colheres (sopa) de água sobre o cheesecake.

5. Deixe esfriar, decore e sirva a seguir

Rendimento

1
torta média

Ingredientes

- 1 lata de leite condensado
- 1 lata de creme de leite
- 3 gemas
- 2 colheres (sopa) farinha de trigo
- 1 xícara (chá) abacaxi cozido e triturado
- 1 xícara (chá) coco fresco ralado
- Opcional: 1 colher (chá) essência de abacaxi

Bombocado de Abacaxi

1. Misture bem todos os ingredientes.
2. Coloque em forminhas de papel dentro de forminhas para empada ou muffins.
3. Asse em forno de 180° até corar.

Tempo de preparo

90
min

Rendimento

20
bolinhos

Ingredientes

- 200 g de manteiga, sem sal
- 1 xícara (chá) de açúcar
- 1 lata de creme de leite
- 1 pacote de bolacha maisena
- Leite, o quanto baste, para molhar a bolacha
- 1 lata de leite condensado, sabor chocolate (ou cobertura de sorvete)

Torta Alemã

1. Coloque a manteiga e o açúcar na batedeira e bata até obter um creme bem fofo e liso.

2. Acrescente o creme de leite e bata rapidamente apenas para misturar. Desligue a batedeira e reserve.

3. Separe um recipiente médio para montar o doce.

4. Acrescente um pouco de leite em um prato fundo e molhe rapidamente algumas bolachas de maisena.

5. Forre o fundo do recipiente escolhido com uma camada de bolachas.

6. Acrescente uma camada do creme reservado sobre as bolachas.

7. Acrescente mais uma camada de bolachas molhadas no leite e repita o procedimento finalizando com a bolacha.

8. Cubra a última camada de bolachas com o leite condensado sabor chocolate (comprado pronto ou a cobertura)

9. Leve à geladeira por no mínimo 3 horas ou até que o doce fique bem gelado.Você pode substituir o leite condensado de chocolate por cobertura de sorvete sabor chocolate, fica ótimo por ser meio amargo quebra um pouco o doce.

Tempo de preparo

90 min

Rendimento

1 torta média

Ingredientes

- 1 lata de leite condensado
- 1 xícara (chá) de açúcar
- 5 ovos
- 100 g de coco ralado

Pudim de Coco

1. Faça um caramelo e cubra uma forma para pudim.

2. Misture todos os ingredientes batendo bem.

3. Ligue o forno à 180º e leve em banho-maria de 40 a 45 minutos.

4. Desenforme frio e decore com o coco ralado.

Tempo de preparo

90 min

Rendimento

1 torta média

Ingredientes

Calda

- 1 xícara (chá) de açúcar
- 1/2 xícara (chá) de água fervente

Pudim

- 1 lata de leite condensado
- 1 1/2 lata de leite comum
- 3 ovos inteiros
- 1 xícara (chá) de café bem forte e morno

Pudim de Café

Calda

1. Coloque o açúcar em uma panela em fogo baixo e deixe derreter, porém, cuidado para não deixar queimar.

2. Quando derreter, junte a 1/2 xícara de água quente e deixe reduzir até ficar no ponto de calda. Caramele a forma e reserve.

Pudim

1. Bata todos os ingredientes do pudim no liquidificador por mais ou menos vinte minutos.

2. Coloque na forma já caramelada e leve ao forno preaquecido por 1 hora e 30 minutos.

Tempo de preparo

90 min

Rendimento

8 porções

Ingredientes

Bolo

- 2 xícaras (chá) de farinha de trigo
- 1 xícara (chá) de chocolate em pó
- 1 colher (chá) de fermento em pó
- 2 ovos
- 1 xícara (chá) de açúcar
- 1 xícara (chá) de óleo
- 1 xícara (chá) de leite fervido

Recheio

- 1 lata de leite condensado
- 1 caixa de creme de leite
- 1 lata de leite
- 1 colher (sopa) cheia de amido de milho
- 1 pacote de coco ralado em flocos

Cobertura

- 1 xícara (chá) de chocolate amargo bem picado
- 1 xícara (chá) de creme de leite
- 4 colheres (chá) de açúcar de confeiteiro (opcional)
- 1 pitada de sal (opcional)
- Rum encorpado "escuro" (opcional)

Bolo Chocolate Prestígio

1. Numa tigela misture a farinha, o chocolate e o fermento. Reserve.

2. No liquidificador, bata os ovos, o açúcar e o óleo. Acrescente o leite e bata novamente. Misture aos ingredientes secos e mexa bem.

3. Leve ao forno preaquecido em uma assadeira untada.

Recheio

1. Coloque tudo em uma panela, mexa bem. Leve ao fogo alto até levantar fervura. Baixe o fogo e deixe em fogo médio mexendo sempre sem parar. O ponto do creme é quando chegar na consistência de brigadeiro mole. Deixe esfriar por completo para utilizar.

Tempo de preparo

90 min

Cobertura

1. Primeiro, pique o chocolate amargo bem pequeno, para que ele derreta mais facilmente.

2. Esquente o creme de leite em fogo médio até que comece a ferver. Assim que começar a ferver, desligue e coloque o chocolate picado, mexendo para o chocolate derreta completamente.

3. Quando o chocolate estiver derretido por completo, se quiser, misture o açúcar e o sal. Também é opcional colocar umas 2 a 3 colheres de sopa de rum escuro.

Rendimento

1
bolo médio

Ingredientes

Massa

- 2 pacotes de bolacha Negresco
- 8 colheres de manteiga (sem sal)

Creme

- 1 lata de leite condensado
- 2 latas de creme de leite
- Suco de 3 limões
- 1 pacote de gelatina sem sabor dissolvida em meia xícara de água fervente

Cobertura

- Tablete (160 g) de chocolate meio amargo ou ao leite, como preferir
- 1 lata de creme de leite com soro

Torta Negresco de Limão

Massa

1. Tire o recheio dos 2 pacotes de bolacha Negresco, triture no processador ou liquidificador os biscoitos até ficar uma farinha, misture com a manteiga até ficar uma massa firme, em seguida molde a massa em uma forma redonda e com fundo removível de 25 cm de diâmetro, reserve na geladeira.

Creme

1. Bata no liquidificador o leite condensado, o suco de limão, a lata de creme de leite e a gelatina sem sabor (dissolvida conforme a embalagem) até virar um creme. Retire a massa da geladeira e despeje o creme, volte ao freezer por uns 25 minutos.

Tempo de preparo

120 min

Cobertura Ganashe

1. Faça um ganashe com a outra lata de creme de leite com soro e o chocolate em barra, derretendo o chocolate no micro-ondas e misturando o creme de leite até formar um creme.

Montagem

1. Com o creme já firme adicione o ganashe sobre o creme e volte ao freezer por mais uns 10 minutos e pronto. Sirva gelado e bom apetite.

Rendimento

1 bolo médio

Ingredientes

- 2 latas de leite condensado
- 2 latas de creme de leite gelado
- 2 latas de leite (medida)
- 6 colheres (sopa) de chocolate em pó a gosto
- 1 colher (chá) de amido de milho bem cheia
- 6 gemas
- 3 claras em neve
- 300 g de chocolate picado ao leite ou meio amargo
- 200 g de nozes
- 1 pote de cereja em caldas

Strogonoff de Chocolate

1. Leve ao fogo o leite condensado, o leite, o chocolate em pó, a manteiga, as gemas, e o amido de milho (não esqueça de dissolver o amido de milho, com uma colher de leite antes de misturar) até ficar em ponto de brigadeiro mole Deixe esfriar.
2. Misture duas latas de creme de leite com soro no brigadeiro, fora do fogo.
3. Acrescente o chocolate picado e as nozes. Por último misture as claras em neve. Deixe na geladeira por 1 hora.
4. Decore com chocolate picado ou raspado, nozes picadas, cereja em calda e se tiver fios de ovos.

Tempo de preparo

90
min

Rendimento

8
porções

Ingredientes

- 1 xícara de açúcar
- 1/2 xícara de margarina
- 3 ovos
- 1 colher (sopa) de fermento em pó
- 1/2 xícara de leite
- 1/2 xícara de chocolate em pó
- 1 1/2 xícara de farinha de trigo
- 1 lata de leite condensado

Bolo Pudim de Chocolate

1. Caramelize o fundo e os lados de uma fôrma com 30cm de diâmetro (com furo central) com o açúcar.

Bolo

1. Bata bem na batedeira a margarina com o açúcar e os ovos.

2. Junte a farinha de trigo, o chocolate, o fermento e o leite, sempre batendo, até obter uma massa homogênea.

3. Coloque a massa na forma preparada com a calda.

Pudim

1. Bata no liquidificador o leite condensado, o leite e os ovos.

2. Despeje lentamente sobre a massa.

3. Leve ao forno quente, preaquecido, em banho-maria por cerca de 1 hora ou até que, enfiando um palito no centro, ele saia seco.

4. Deixe esfriar e leve à geladeira.

5. Desenforme gelado.

Tempo de preparo

90 min

Rendimento

1 pudim médio

Ingredientes

Massa

- 1 xícara de farinha de trigo
- 1 colher (chá) de sal
- 100 g de manteiga em temperatura ambiente
- 1 gema peneirada

Creme

- 1 lata de leite condensado
- 3 gemas peneiradas
- 2 latas de leite (use a lata de leite condensado como medida)
- 3 colheres (sopa) de amido de milho

Para o doce de maçã

- 1 xícara de açúcar
- 1/2 xícara de água fervente
- 5 maçãs bem lavadas, descascadas e fatiadas

Torta de maçã

Massa

1. Preaqueça o forno a 180°C.
2. Em uma tigela grande, misture a farinha de trigo e o sal.
3. Em seguida, adicione a manteiga e a gema de ovo, e amasse bem com as mãos até obter uma massa lisa e homogênea.
4. Polvilhe um pouco de farinha sobre uma superfície lisa e enfarinhada.
5. Transfira a massa e abra-a sobre a superfície com um rolo de massas (cerca de 1 cm de espessura).
6. Em seguida, transfira a massa para uma forma redonda de fundo removível com 25 cm de diâmetro, forrando todo o fundo e 2/3 da lateral.
7. Leve ao forno por 20 minutos até que a massa esteja dourada e crocante.

Creme

1. Em uma panela, adicione o leite condensado, 1 e 1/2 lata de leite e as gemas já peneiradas. Misture bem com a ajuda de um batedor.

Tempo de preparo

90 min

2. Leve ao fogo médio para engrossar. Quando estiver quase fervendo, acrescente o amido de milho diluído no restante do leite, mexendo vigorosamente para não empelotar, até engrossar. Retire do fogo e reserve.

Doce

1. Em uma frigideira de fundo grosso, adicione o açúcar e leve ao fogo baixo. Quando o açúcar começar a derreter e adquirir a cor de caramelo, adicione a água fervente e mexa bem até dissolver todo o açúcar.

2. Logo em seguida, adicione as fatias de maçã e mexa cuidadosamente para caramelizá-las. Cozinhe por 2 ou 3 minutos e desligue o fogo.

Montagem

1. Em cima da massa já assada despeje o creme e acerte bem para não ficar desigual.

2. Em seguida, arrume as fatias de maçã cuidadosamente sobre o creme e leve à geladeira por no mínimo 4 horas antes de servir.

3. Desenforme e sirva.

Rendimento

1
torta média

Ingredientes

Massa

- 100 g de manteiga
- 1/2 xícara (chá) de açúcar
- 1 ovo
- 1 1/2 xícara (chá) de farinha de trigo
- 1 colher (chá) de fermento químico em pó

Recheio

- 2 unidades de manga picadas
- 1 lata de leite condensado
- 20 ml de suco de limão
- 1 envelope de gelatina incolor sem sabor
- 1 lata de creme de leite

Torta de Manga

Massa

1. Bata bem a manteiga com o açúcar. Acrescente o ovo, a farinha de trigo e o fermento, misturando muito bem, até obter uma massa homogênea.

2. Faça uma bola e embrulhe em filme plástico. Leve à geladeira por 20 minutos.

3. Abra a massa e forre um refratário no fundo e nas laterais. Leve ao micro-ondas por 6 a 7 minutos na potência alta, reserve.

Tempo de preparo

90 min

Recheio

1. Bata no liquidificador a manga com o leite condensado e o suco de limão até ficar homogêneo, reserve.

2. Dissolva a gelatina em 5 colheres (sopa) de água e leve ao micro-ondas por 20 segundos na potência alta.

3. Junte o creme batido juntamente com o creme de leite e misture bem.

4. Despeje o creme de manga sobre a massa fria, leve à geladeira até o recheio ficar firme.

5. Sirva decorada com fatias de manga.

Rendimento

1

torta média

Ingredientes

- 2 latas de leite condensado cozidas por meia hora
- 6 ovos
- 6 colheres (sopa) de açúcar
- 5 colheres (sopa) de farinha de trigo
- 1 colher (sobremesa) de fermento
- Açúcar para polvilhar

Rocambole

1. O leite condensado quando estiver cozido, depois de frio coloque em uma vasilha e mexa bem para ficar fácil de espalhar.

2. Acenda o forno e coloque no mínimo. Unte uma forma grande e quadrada com bastante manteiga.

3. Bata as 6 claras em neve, junte as 6 gemas e bata bem, acrescente aos poucos o açúcar, a farinha e não deixe de bater. Por último acrescente o fermento, dê uma leve batida e jogue tudo na forma.

4. Deixe assar em forno mínimo até ficar moreno e não sujar o garfo.

Tempo de preparo

90 min

5. Enquanto o bolo assa pegue um pano de prato, molhe, torça bem, abra sobre uma mesa e coloque bastante açúcar em todo ele.

6. Quando o bolo estiver pronto e ainda quente solte da forma e vire ainda quente sobre o pano, espalhe o doce de leite e enrole.

Rendimento

1 rocambole médio

Ingredientes

Massa

- 1 pacote de biscoito maisena (180 g)
- 3 colheres (sopa) de manteiga em cubos

Recheio

- 1 lata de leite condensado
- 1 lata de creme de leite
- 2 xícaras (chá) de ricota amassada
- 1/2 xícara (chá) de leite
- 1 envelope de gelatina em pó sem sabor

Cobertura

- 2 xícaras (chá) de abacaxi picado
- 2 colheres (sopa) de açúcar
- 2 colheres (sopa) de mel
- Pedaços de abacaxi

Cheesecake de Abacaxi

Massa

1. Preaqueça o forno em temperatura média.
2. No liquidificador, tecla pulsar, triture os biscoitos.
3. Despeje em uma vasilha, acrescente a manteiga e misture com a ponta dos dedos até obter a textura de uma farofa.
4. Com a farofa, forre o fundo de uma forma de aro removível de 24 cm de diâmetro, apertando com os dedos.
5. Leve ao forno por 15 minutos ou até dourar.
6. Retire e deixe esfriar.

Tempo de preparo

120 min

Recheio

1. Em uma panela, polvilhe a gelatina sobre o leite e deixe hidratar por 5 minutos.

2. Após, em fogo baixo, dissolva sem deixar ferver.

3. No liquidificador, bata a mistura de gelatina, a ricota, o creme de leite, o leite condensado até obter uma mistura homogênea.

4. Despeje a mistura sobre a massa e alise com uma espátula.

5. Leve para gelar até que fique firme.

Cobertura

1. Em uma panela, misture todos os ingredientes.

2. Cozinhe por 10 minutos em fogo baixo, mexendo de vez em quando. Deixe esfriar.

Montagem

1. Desenforme a torta.

2. Decore com pedaços de abacaxi e regue com a cobertura.

Rendimento

8

porções

Ingredientes

Massa

- 4 ovos
- 2 copos de açúcar
- 2 colheres (sopa) de margarina
- 1 copo de leite
- 2 copos de farinha de trigo
- 1 colher (sopa) de fermento em pó
- 50 g de chocolate granulado
- 50 g de coco ralado

Calda

- 1/2 lata de leite condensado
- 1 colher (sopa) de margarina
- 2 colheres (sopa) de chocolate em pó
- 50 g de chocolate granulado para polvilhar

Bolo Formigueiro

1. Na batedeira, bata as claras em neve.
2. Acrescente as gemas, o açúcar e a margarina até obter uma mistura cremosa.
3. Aos poucos acrescente a farinha de trigo, alternando com o leite.
4. Adicione o fermento em pó e bata ligeiramente.
5. Retire da batedeira, acrescente o chocolate granulado e o coco ralado.
6. Despeje a mistura em uma fôrma untada e polvilhada com farinha de trigo.
7. Leve para assar por 30 minutos ou até a massa ficar corada. Ou enfie um palito, e quando sair limpo, está pronto.

Tempo de preparo

90 min

Calda

1. Em uma panela misture o leite condensado, a margarina e o chocolate em pó.

2. Leve ao fogo até desprender levemente do fundo da panela.

3. Cubra o bolo e polvilhe com o chocolate granulado.

Rendimento
10
porções

Ingredientes

Bolo

- 4 ovos
- 1 xícara (chá) de açúcar
- 1 xícara (chá) de leite quente
- 1 xícara (chá) de farinha de trigo
- 1 colher (sopa) rasa de fermento em pó
- Manteiga para untar
- Farinha de trigo para polvilhar

Recheio

- 100 g de damasco seco
- 1 lata de leite condensado
- 2 colheres (sopa) de manteiga

Cobertura

- Açúcar de confeiteiro para polvilhar
- Alguns damascos secos

Bolo de Damasco

Bolo

1. Bata as claras em neve firme.
2. Adicione as gemas, o açúcar aos poucos e, batendo sempre, junte o leite.
3. Por último, incorpore delicadamente a farinha peneirada com o fermento. Despeje a massa em uma forma redonda (22 cm de diâmetro), untada e enfarinhada.
4. Leve para assar em forno médio (180°C) preaquecido, por cerca de 30 minutos.

Tempo de preparo

90 min

5. Corte o bolo ao meio e, quando esfriar, recheie.

Recheio

1. Reserve 4 a 6 damascos para decorar e coloque o restante do molho em 2 xícaras (chá) de água, por cerca de 4 horas.

2. A seguir, leve ao fogo, deixando ferver até os damascos amolecerem.

3. Bata no liquidificador e reserve.

4. À parte leve ao fogo o leite condensado e a manteiga, mexendo sempre, até soltar do fundo da panela. Retire e misture com o purê de damasco.

5. Recheie o bolo e polvilhe-o com açúcar de confeiteiro.

Rendimento
8
porções

Ingredientes

- 1 lata de leite condensado
- 1 lata de leite (medida)
- 1 lata de creme de leite
- 4 ovos
- 200 g de queijo fresco batido
- 3 colheres de açúcar

Pudim de Queijo

1. Misturar todos os ingredientes.
2. Colocar em uma forma tipo bolo inglês caramelizada.
3. Levar ao forno a 175° aproximadamente durante 40 minutos.

Tempo de preparo

90 min

Rendimento

1 pudim médio

Ingredientes

Pudim

- 1 litro de leite (desnatado ou integral)
- 1 lata de leite condensado
- 3 gemas peneiradas
- 3 colheres (sobremesa) de amido de milho
- 1 colher (café) de essência de baunilha para a cobertura.
- 3 claras em neve bem duras
- 6 colheres (sopa) de açúcar de confeiteiro

Baba de Moça

1. Prepare uma fôrma (para levar ao forno) com calda de açúcar cobrindo o fundo.

2. Para o pudim, misture todos os ingredientes (cuidado com o amido de milho, misture com um pouco de leite frio antes, para não empelotar) e leve ao fogo médio, mexendo sempre com colher de pau, até engrossar, tomando a consistência de um mingau grosso.

3. Despeje na fôrma com calda e reserve. Com as claras em neve bem duras, acrescente aos poucos (sempre batendo) o açúcar, até obter um suspiro consistente.

4. Despeje o suspiro sobre o pudim, e leve ao forno até dourar o suspiro. Retire do forno e deixe gelar.

Tempo de preparo

60 min

Rendimento

8 porções

Ingredientes

Manjar

- 1/3 xícara (chá) de amido de milho
- 3 xícaras (chá) de leite
- 1 vidro de leite de coco
- 1/2 xícara (chá) de açúcar

Calda

- 1/2 xícara (chá) de açúcar
- 1 xícara (chá) de água
- 100 g de ameixas secas sem caroço

Manjar de Coco

Manjar

1. Dissolva o amido de milho no leite, despeje na panela e misture todos os ingredientes restantes.
2. Leve ao fogo brando, mexendo sempre até levantar fervura.
3. Sem parar de mexer, abaixe a chama e cozinhe até engrossar.
4. Transfira para um refratário untado e leve à geladeira por 4 horas.
5. Sirva regado com a calda preparada.

Calda

1. Misture o açúcar com a água e leve ao fogo até levantar fervura.
2. Abaixe a chama, adicione as ameixas e deixe cozinhar até amolecerem ligeiramente.
3. Aguarde esfriar e conserve na geladeira até a hora de utilizar.

Tempo de preparo

90 min

Rendimento

8 porções

Ingredientes

- 1 lata de leite condensado
- 1 lata de creme de leite com soro
- 1 caixa de bis

Sorvete de Bis

1. Juntar todos os ingredientes em um liquidificador e bater.

2. Leve ao freezer por 2 horas, decore com lascas de chocolate e sirva a seguir.

Tempo de preparo

120
min

Rendimento

8
porções

Ingredientes

- 1 lata de milho verde
- 1 xícara (chá) de leite integral
- 1 xícara (chá) de açúcar refinado
- 1 lata de creme de leite
- 1 lata de leite condensado
- 1 xícara (chá) de amido de milho

Creme de Milho Doce

1. Bata o milho, o leite integral e o açúcar no liquidificador.
2. Leve o líquido batido em uma panela, em fogo baixo.
3. Junte os outros ingredientes.
4. Mexa bem devagar, até formar um mingau.
5. Coloque a canela em pó por cima.

Tempo de preparo

60 min

Rendimento

8 porções

Ingredientes

- 2 latas de creme de leite
- 1 pacote de bolacha Maria
- 1 lata de leite condensado

Serradura

1. Bata o creme de leite em ponto de chantilly.
2. Em seguida mistura-se o leite condensado mexendo muito bem.
3. Triture as bolachas e faça camadas do creme e das bolachas trituradas, termine com as bolachas.

Deixe na geladeira até servir.

Tempo de preparo

30 **min**

Rendimento

8 **porções**

Ingredientes

- 2 xícaras (chá) de farinha de trigo
- 1 xícara (chá) de açúcar
- 3 ovos
- 1 colher (sopa) de fermento em pó
- 1/2 xícara (chá) de sumo de laranja, coado
- 1/2 xícara (chá) de azeite

Calda

- 1 xícara (chá) de sumo de laranja, coado
- 1/2 lata de leite consensado

Bolo de Laranja

Massa

1. Misture todos os ingredientes, mexendo bem, sem necessidade de bater.
2. Coloque em assadeira untada e enfarinhada.
3. Leve ao forno preaquecido em 200°, até que enfiando o palito, este saia limpo (mais ou menos 30 minutos).
4. Assim que o bolo sair do forno, corte-o em quadrados na própria forma e deite sobre ele a calda.

Tempo de preparo

45 min

Calda

1. Sendo a laranja uma fruta cítrica, faz com que o leite condensado espesse, quando misturados. Por isso, prepare o bolo e assim que misturar o leite condensado com a laranja, deite sobre ele, rapidamente.

2. Pode colocar a faca nos cortes e abrir um pouquinho, para a calda penetrar bem.

3. Cubra com papel alumínio e leve a geladeira de um dia para o outro.

4. Desenforme e polvilhe com açúcar de confeiteiro.

Rendimento

1
bolo médio

Ingredientes

- 10 bananas bem maduras
- 1 lata de leite condensado
- 1 lata de creme de leite
- 1 colher (café) de baunilha
- 1 litro de leite
- 3 colheres cheia de amido de milho
- 3 ovos
- Açúcar

Torta de Banana

1. Levar ao fogo o leite com o amido de milho dissolvida, a baunilha, as 3 gemas, o leite condensado e o açúcar, até virar um mingau grosso, depois desligar o fogo e colocar o creme de leite com o soro, reserve.

2. Em uma travessa colocar as bananas cortado ao meio de forrar toda a travessa com as bananas e por cima jogar o creme que está reservado e esfriando.

3. Em outra travessa colocar as 3 claras e bater em neve, acrescente 12 colheres de açúcar e deixar bater até formar picos firmes.

4. Coloque por cima do creme o suspiro e leve ao forno até o suspiro dourar. Deixe esfriar e sirva gelado.

Tempo de preparo

90
min

Rendimento

10
porções

Equivalência de Pesos e Medidas

Passo a Passo

1. Afofe e peneire ingredientes secos como farinhas, açúcar e outros, antes de serem medidos. Coloque-os cuidadosamente no recipiente de medida, sem serem comprimidos ou sacudidos.

2. Coloque o recipiente para medir ingredientes líquidos sobre uma superfície reta e verifique o nível na altura da vista.

3. Retire da geladeira com antecedência as gorduras sólidas como manteigas, margarinas, banhas e outras, para que sejam medidas na temperatura ambiente. Coloque no recipiente de medida, apertando para que não fiquem buracos vazios ou bolhas de ar.

Como medir Líquidos

Coloque o recipiente graduado, ou a xícara em cima da mesa e encha com o líquido até a marca desejada. Se usar colher, encha até a borda sem derramar.

Como medir Ingredientes Secos

Encha a xícara ou o recipiente com a farinha, o açúcar, chocolate em pó, etc... e não comprima, nem sacuda. Apenas passe uma faca por cima para tirar o excesso.

Como medir Gorduras Sólidas

Para medir manteiga, margarina, gordura vegetal na xícara, encha toda a xícara comprimindo com a ajuda de uma colher, depois passe uma faca por cima para tirar o excesso.

Copos, xícaras e ml	
1 xícara	240 ml
1 copo de requeijão	240 ml
1 copo duplo	240 ml

Pesos e Medidas		
1 litro	4 copos americanos	1000 ml
1 xícara	16 colheres (sopa)	240 ml
1 colher (sopa)	3 colheres (chá)	15 ml
1 colher (chá)	1/3 colher (sopa)	5 ml

Ingredientes (1 xícara de chá)	
Açúcar	160 g
Araruta	150 g
Arroz cru	210 g
Amêndoas, nozes e castanhas	140 g
Aveia	80 g
Banha	230 g
Chocolate em pó	90 g
Coco seco ralado	80 g
Farinha de mandioca	150 g
Farinha de rosca	80 g
Farinha de trigo	120 g
Fubá	120 g
Maisena	150 g
Manteiga	230 g
Mel	300 g
Polvilho	150 g
Queijo ralado	80 g
Uva Passa	140 g

Equivalências (g)	
1 litro	equivale a 6 xícaras (chá) ou 4 copos
1 garrafa	equivale a 3 e 1/2 xícaras (chá) ou 2 e 1/2 copos
1 copo de água comum	equivale a 250 g
1 prato fundo nivelado	equivale a 200 g
1 xícara (chá) de líquido	equivale a 150 g ou 20 colheres (sopa)
1 xícara (chá) rasa de açúcar	equivale a 120 g
1/4 xícara (chá) de líquido	equivale a 5 colheres (sopa)
1/3 xícara (chá) de líquido	equivale a 6 colheres (sopa)
1/2 xícara (chá) de líquido	equivale a 10 colheres (sopa)
2/3 xícara (chá) de líquido	equivale a 12 colheres (sopa)
3/4 xícara (chá) de líquido	equivale a 15 colheres (sopa)
1 cálice	equivale a 9 colheres (sopa) de líquido
1 quilo	equivale a 5 e 3/4 xícaras (chá)
250 g de manteiga	equivale a 1 e 1/4 xícara (chá)
1/4 de xícara (chá) de manteiga ou margarina	equivale a 4 colheres (sopa)
1 xícara (chá) de amendoim torrado	equivale a 140 g
1 xícara (chá) de farinha de rosca	equivale a 150 g
1 colher (sopa) de farinha de rosca	equivale a 11 g
1 xícara (chá) de coco ralado seco	equivale a 75 g
1 xícara (chá) de óleo	equivale a 170 g
1 colher (sopa) de óleo	equivale a 10 g
1 colher (sopa) de sal	equivale a 13 g
1 colher (chá) de sal	equivale a 5 g
1 colher (sopa) de fermento em pó	equivale a 12 g
1 colher de chá de fermento em pó	equivale a 5 g
1 xícara (chá) de maisena	equivale a 120 g
1 colher (sopa) de maisena	equivale a 8 g
1 colher (chá) de maisena	equivale a 2 g
1 pitada é o tanto que se pode segurar entre as pontas de dois dedos ou 1/8 de colher	

Líquidos (leite, água, óleo, bebidas alcoólicas, café etc.) (ml)	
1 xícara	240 ml
1/2 xícara	120 ml
1/3 xícara	80 ml
1/4 xícara	60 ml
1 colher (sopa)	15 ml
1 colher (chá)	5 ml

Chocolate em pó (cacau em pó)	
1 xícara	90 g
1/2 xícara	45 g
1/3 xícara	30 g
1/4 xícara	20 g
1 colher (sopa)	6 g

Manteiga (margarina e gordura vegetal)	
1 xícara	200 g
1/2 xícara	100 g
1/3 xícara	54 g
1/4 xícara	16 g
1 colher (sopa)	20 g

Açúcar	
1 xícara	180 g
1/2 xícara	90 g
1/3 xícara	60 g
1/4 xícara	45 g
1 colher (sopa)	12 g
1 colher (chá)	4 g

Farinha de trigo	
1 xícara	120 g
1/2 xícara	60 g
1/3 xícara	40 g
1/4 xícara	30 g
1 colher (sopa)	10 g